온 몸으로 세상을 본다

온 몸으로 세상을 본다

2025
변방 제40집

두엄

□ 책 머리에

변방 동인회 약사

박 종 해

《변방》 시동인회가 1981년 12월 27일에 결성되어 46년의 역사를 갖고 40집을 출간하게 되었다. 이처럼 오랜 역사를 가진 동인회가 존재한다는 것은 문학사적으로 중요할 뿐만 아니라, 여러 가지로 어려운 여건을 극복하고 40집을 출간한다는 것은 울산의 자랑이요 전국 문단에서 상찬할 만한 일이 아닐 수 없다.

그 당시 중앙에만 몇 안 되는 문학지가 있어, 등단하기도 극히 어려울 뿐만 아니라, 등단한 문인들도 발표 지면을 얻기가 쉽지 않은 실정이었다.

울산문인협회 기관지인《울산문학》이 겨우 일 년에 한번 출간하는데, 시 한 편을 발표할 수 있을 뿐, 시인들은 시를 써도 발표 지면을 가질 수 없어, 몇몇 시인들이 만나면 술을 마시며 문학을 토로하고 시적 열정을 삭히는 수밖에 없었다.

그러던 중 울산의 중추적인 시인들이 의기투합하여 마침내 동인회를 결성하였는데 창립회원은 박종해, 최일성, 김종경, 신춘희, 문영, 이충호, 김종철 등 7인이었다. 그 당시 박종해, 문영, 이충호가 교사이고, 김종경이 울산 문화방송 보도부, 김종철이 KBS 울산방송에 근무하고 있었고, 최일성은 월남전에 참전한 후 개인 기업체에 근무하고 있었으며, 신춘희는 대구 매일신문 신춘문예에 당선된 후 시작에만 몰두하고 있었다. 창립총회 날은 때마침 창밖에 싸락눈이 나리고 있었다. 서로 술잔을 기울이면서 떠오르는 것이 흔히 회자되는 김종서의 "호기가"였다.

삭풍은 나무 끝에 불고/ 명월은 눈 속에 찬데/ 만리변성에 일장검 짚고 서서…. 동인회의 명칭을 "변방"이라 칭하는데 모두 동의하였다. (변방 20집 서문 참조)

그 당시 동인들의 년치로는 박종해가 30대 말, 최일성 김종경이 삼십을 갓 넘었고 그 외는 모두 20대 후반이었으니 그 호협한 혈기와 문학적 열정에서 변방의 문학을 지키는 문학적 수문장이 되자는 결의에 차 있었던 것이다.

1. 변방 동인지 창간과 동인 발전기

변방 동인은 문학의 중앙집권에 반하여 지방문학을 활성화시키고 종합 문학지 중심에서 동인지 중심의 문학을 발전시키는데 그 취지를 두었다. 어려운 여건을 극복하고 드디어 1982년 4월 10일 "변방 시동인지" 창간호가 출간되었다.

창간호의 역사적인 기념으로 1982년 4월 29일 목요일 오후 6시 김석보 향토사학자가 운영하던 그 당시 울산국민학교 뒤편 '삼일회관'에서 문학사적인 변방 창간호 출판기념회를 개최하였다.

그 당시만 해도 문학작품의 출판기념회가 극히 드문 때라 출판기념회는 친지, 친구들을 비롯하여 울산의 유지들이 식장에 입추의 여지없이 참석하여 대 성황리에 거행되었다. 그 날 모인 축하금으로 창간호 동인지 출판비를 갚고도 2집을 출간하는 경비를 충당하였다.

1983년 5월 31일에서 6월 6일까지 일주일 동안 성남동 "명"다방에서 변방 동인 시화전을 열었다. 동인들의 작품 25편에 김명수, 심수구, 현미연, 정기홍 화가의 그림으로 구성된 시화였다. 그 판매 자금으로 동인지 발간의 기금을 조성하였다. 문예진흥기금의 수혜나 시당국의 지원이 전혀 없던 때였다. 1983년 6월 20일 제 2집에 문화방송 편성부에 근무하던 홍수진이 가입하고 부산의 출판사에서 출간하였다. 우여곡절 끝에 2년의 공백 기간이 지나고 1985년 8월 25일 울산의 처용출판사에서 제 3집을 발간하였다. 그 출판사는 서상연 시인의 지원으로 김수용 작가가 창설한 울산의 첫 출판사였다. 학성가스 박석환 사장, 효성알루미늄 이종우 공장장, 김소아과 김용언 원장, 한일교통 박장환 사장이 출판비를 지원하여 출판하게 되었다. 김종철 동인이 포항KBS로 전출되어 탈퇴하였다.

제 4집부터는 동인지 표제를 붙이고 역시 처용출판사에서 출판하였다. 박석환, 박장환 사장과 카페〈노을〉유희수 사장의 출판비 일부 지원을 받았다. 강세화 시인이 가입하고 특집으로 문영 시인의 "자아 부정과 순백의 시학" 박종해 론의 평설을 실었다.

제 5집 역시 처용출판사 간행으로 박석환, 박장환 사장과 교학서점 최명용 대표의 도움으로 발간하였다.

제 6집은 대구 매일출판사의 도움으로 발간되었으며 처음으로 문예진흥기금을 받아 출판하였다.

제 7집은 동인지의 안목을 넓히기 위해 서울 혜화당에서 시인 송명진 사장의 후의로 출간하였으며

제 8집은 부산의 해성출판사에서 발간하였는데 남송우 부산대 교수이며 평론가의 평설 "울산 그리고 변방의 존재성"을 동인들의 시편 끝에 실었다.

제 9집은 부산 빛남출판사에서 이상개 시인의 배려로 발간하였다.

이와 같이 대구, 서울, 부산 등지에서 출간함으로서 변방 동인지를 홍보하고 책이 발간될 때마다 원로 시인들에게는 편지와 함께 정성껏 근정의 글을 써서 우송하고 전국 시인들께 정성을 다해 동인지를 보내어 많은 호응과 답장을 받고 각 신문 문학지에 게재되어 "변방" 동인지가 전국에 알려졌다.

2. 제 10집 발간 기념 및 문학 행사 개최

1994년 9월 9일 (금요일) 오후 7시 익산문화센터 소극장에서 "제 10집 출판기념 및 독자를 위한 문예 광장"이란 제목으로 문학행사를 가졌다. 대구매일신문 문화부장 이태수 시인을 초청하였는데 "지역 문학과 동인지의 역할"이란 문학 강연을 하였다. 변방대표 김종경 동인의 인사말에 이어 박종해 동인이 "변방 동인이 걸어온 길과 나아갈 길"이란 제목의 강연을 했다.

음악협회와 무용협회의 지원을 받아 노래와 춤공연과 동인들의 시 낭독으로 그 당시 울산에선 보기 드문 문학 행사여서 참관인들의 대단한 호응을 받았다.

〈독자와의 대화〉는 변방 동인을 통해서 시의 이해와 시인과 독자와의 접목에 있어서 큰 성과를 거두었다. 울산의 방송과 신문지상에 변방 동인이 울산의 문학 발전에 크게 공헌하고 있다는 평문이 게재되었다. 변방동인지 제 10집 행사는 울산의 문학에 새로운 문풍을 일으켰다고 생각된다.

제 11집은 부산의 전망출판사에서 간행되었으며 제 12집에서는 작가 김옥곤의 "내가 알고 있는 변방"이란 글을 실었다.

1997년 9월 12일 48세의 일기로 홍수진 동인이 타계했다. 여러 방면에 예술적 재능이 있는 홍수진의 타계는 동인들에게 큰 슬픔을 안겨주었다.

제 13집은 동인들의 시 작품 중 1편의 홍수진에 대한 추모시를 실었고 신춘희 동인이 "신들린 듯 살다 간 로맨티시스트"란 제목으로 홍수진 시인의 인생과 문학에 대한 추모의 글을 실었다. 새한자동차학원을 경영하며 울산광역시 시의원인 박동철 회장의 많은 지원이 있었다.

제 14집은 대구 그루출판사 시인 이은재 사장의 후의로 발간되었으며 동인들의 작품 외에 초대시 란을 개설했다. 권영해, 박마리, 윤향미, 김욱 시인의 초대 시를 실었다.

제 15집 역시 그루출판사 발행으로 동인들의 작품 외에 나태주, 송수권, 이동순, 이성선, 이태수, 이희목등 전국 일류 시인들의 초대시를 실었다.

제 16집은 김종길, 이기철, 한기팔, 서종택, 문인수 시인 등 저명한 시인들의 초대시를 실었다.

제 17집도 허영자, 유안진, 박명용 등 저명한 시인들의 초대시를 실었고, 박종해 동인이 "역설의 미를 추구한 통합적 서정시"라는 제하여 문영 동인의 『달집』 시집에 대한 평설을 실었다.

3. 변방동인지 창간 20주년 기념행사

2002년 12월 5일 변방 동인지 창간 20주년 기념 특집호를 대구 그루출판사에서 출간하였다. 1981년 12월 27일 동인회를 결성한지 21년 되는 해이며 동인지가 창간된 지 20년이

드는 해에 제18집이 나왔으니 2년이 결항된 것이다. 특집호답게 "변방동인 20주년에 부쳐"라는 박종해의 서문에는 동인지의 취지와 간략한 역사를 적었다.

  각 동인이 5~7편의 작품을 낸 외에 전국의 고명한 시인들의 시를 실었는데 초대시의 명단은 김종길, 김규동, 박주일, 이근식, 박희진, 성춘복, 홍완기, 이광석, 임보, 박곤걸, 김준식, 도광의, 정민호, 문효치, 김석규, 이장희, 강신용, 조병무, 서정윤, 문병란, 고형렬, 이희목, 이수익, 김명수, 신대철, 김송배 등 35명과 울산의 장승제, 김성춘, 서상연 시인의 시가 실렸다.

  전국의 고명한 시인들이 원고 청탁에 응해준 것은 그 시인들이 평소 박종해동인과 친분을 갖고 교류해 왔기 때문이다.

  김종길 시인의 〈시와 삶사이의 거리 · 박종해시집 『하늘의 다리』에 대하여〉라는 서평이 책 말미에 실렸다.

  시동인지 변방을 축하하는 글과 함께 변호사 김기현, 새한물류 대표 박동철, 옥동천호탕 대표 박태엽, 울산 중소기업협회장, 시의회의원 이병우, 대한설비협회 울산 경남회장 조용하의 지원자 명단이 적혀 있다.

  2002년 12월 25일과 26일 양일 변방 20주년 기념행사로 출판기념회와 문학강연, 시낭독회, 참석시인 문학교류 등 1박 2일에 참석한 시인들은 김종길, 박주일, 이근식, 박희진, 홍완기, 성춘복, 이광석, 박곤걸, 정민호, 김석규, 서영수, 박명자, 석병호, 윤강로, 박태일, 서종택, 조병무, 이희목 시인과 울산의 문인들이 대거 참석하였다.

 25일은 방어진 연수원에서 제 18집 출판기념회와 김종길 선생의 문학강연이 있었는데 세계적인 영문학자요 시인이요 비평가이신 석학 김종길 선생의 강연을 들으려고 울산 문인협회 회원은 물론이고 문학 애호가들이 연수원 강당의 자리를 가득 메우고 뒤편에 서있는 사람이 있을 정도로 절찬리에 강연회를 열었다.

 저녁에는 동구의 큰 식당에서 김종경 동인이 모든 경비를 부담하는 만찬회를 갖고 전국 문인들의 친교회를 가졌다. 초대한 전국 문인들은 동구의 각 여관과 정자리의 여관에 1박하며 일부 문인들은 밤을 새워 음주와 담소를 즐겼다.

 26일 아침 최수만 한나라당 동구위원장이 거금을 희사하여 아침 만찬회를 갖고 시 낭송과 친교의 시간을 가졌다. 이틀동안 이동하는 데는 대구 부림고속관광버스에서 무상 지원을 해주었는데 부림고속 상무 조충희의 배려였다.

 울산시의 지원이 전무한 어려운 여건에도 김기현 변호사, 박태엽 현대 상무, 이병우 연합철강 회장, 최수만 한나라당 동구위원장의 지원과 출판기념회 참석인의 찬조금, 동인들의 회비로 행사의 모든 경비를 충당하였다. 울산의 문학 역사에 이와 같은 큰 행사가 처음으로 이루어졌다는 것은 길이

기억되어야 할 것이다.

초대받은 전국 유수한 문인들이 변방 동인뿐만 아니라, 소외되었던 울산문학을 재인식하게 된 계기가 되었으며, 지방과 중앙의 문학에 가교 역할을 한 변방동인의 자부심과 위상이 고조되었음은 물론이다. 변방 20주년 기념행사는 울산문학에 심대한 문풍을 일으켰으며 변방 동인이 전국에 우뚝 자리매김한 계기가 되었다.

2003년 11월 28일 대구 그루출판사에서 제 19집이 발간되었는데 발표한 동인은 신춘희, 박종해, 강세화, 문영 4인이 각 10편에서 20편의 작품을 내었으며 원은희 시인이 마산에서 울산으로 이주하여 입회하였다. 문영 시인의 서문에 문학에 관한 논설이 있었다. 이병우 북구문화원장 외 출판비 일부 지원이 있었다. 울산의 시인 최종두, 김성춘, 신필주, 신원호, 권영해, 이자영, 유윤모 등의 초대시를 실었다.

제 20집에는 원은희가 탈퇴하고 송영택, 권기호, 이상개, 도광의, 이성희 등 전국 고명한 시인들과 울산의 권주열 시인의 초대시가 있고 "시를 사랑하는 사람들, 변방 시 동인지에 대하여" 문영의 평문이 실렸다.

4. 변방 동인의 특별 문학교실 창설, 숲속시인학교

그 당시 해변 시인학교가 문학의 저변 확대의 기치를 내걸고 유행하던 때에 조용하고 아늑한 문학 풍토를 조성한다는 뜻으로 전국에서 처음으로 숲속시인학교를 개설하였다.

2005년 8월 18일 (목) 오전 11시에서 19일 오후 2시까지 1박 2일의 숲속시인학교 행사를 열었다. 장소는 울산 북구 가대동 (오정골) 박종해 동인의 소유 우사정(又思亭)에서 열렸는데 주위가 산으로 병풍처럼 두르고 대청마루와 방이 두 칸 있고 연못이 발아래 보이는 100년이 된 유서 깊은 정자로, 숲속시인학교에 걸맞은 아늑하고 조용한 곳이다.

주최는 변방 동인과 운문시대 동인, 후원은 경남시사랑문화인연합회와 박태일 교수가 주관하는 경남대학교 평생교육원이다. 숲속시인학교 교장 박종해의 인사말과 동국대 교수 평론가 김선학의 평론 특강, 시인, 경상대 교수 박태일의 특강을 실었다.

최일성, 문영, 김욱, 구광렬, 김조수, 배정희, 김혜경, 하미애, 박종해, 임성화, 배소희, 강세화, 임석, 최해춘, 이영필, 공현선, 원은희, 한정호, 송창우, 김종렬의 시가 실린『숲속에 이는 시 바람』이란 소시집을 발간하였다.

그날 행사는 김선학의 특강이 있었고 참석 시인의 시낭송, 친교의 시간 등으로 밤이 깊도록 술과 문학의 담론으로 뜻있는 행사가 되었다.

제 2회 숲속시인학교는 신춘희 주관으로 숲속시인학교 공동 시집을 울산시 문예진흥기금으로 발행하고, 울주군 웅촌면 고연리 반계마을 심락당 등지에서 문학 행사를 성대히 치

렀다. 이후 숲속시인학교는 신춘희 동인이 주관하였다.

5. 변방 동인의 교체 참신한 신인의 영입

제 21집은 2005년 12월 10일에 배정희, 김욱 시인이 입회하고 이충호 시인이 작가 활동으로 탈퇴하였다. 김성춘, 윤강로, 구광렬, 최장락, 한국현의 초대시를 싣고 문영 시인이 "변방 동인의 시와 작품세계" 평론을 실었다.

춘포문화재단 이덕우 회장, 이치윤 상무, 손태영 사장의 지원과 남구문화원 윤성태 원장과 코끼리마트 윤복상 사장의 지원이 있었다.

제 22집은 2006년 12월 20일 그루출판사에서 발간되었는데 임윤 시인이 입회하였으며 동인지 주관을 맡았다.

박종해의 "아! 아! 6.25"의 장시를 특집으로 하고 문영의 "목월작품자료"로 목월 선생의 시와 서간, 산문 등을 발굴하여 특집으로 꾸몄다. 주식회사해원 장원길 대표이사의 많은 지원이 있었다.

제 23집 2007년 12월 31일에 이어 제 24집 2008년 12월 26일에 발간되었으며 김욱, 김종경 동인이 탈퇴하였다.

25집, 26집에 이어 2012년 12월 20일 제 27집에 박정옥, 장상관 시인이 입회하였다. 문영 시인의 "경이의 발견과 높이 뜬 깨달음의 시" 김종길 선생 시 연구의 평론이 실려 주목받았다.

28, 29집에 이어 2015년 12월 18일 제 30집에 황지형, 김민호가 입회하였다.

6. 변방동인지 제 30집 기념

서문에 동인 전체의 이름으로 변방이 걸어온 길을 간략하게 서술하고 동인들의 작품에 앞서 초대시를 실었다. 김종길, 이상개, 정민호, 김명수, 고형렬, 백무산, 서정원, 원수현과 울산의 이영필, 권주열, 김성춘의 시를 싣고 특집으로 문영 동인의 "변방의 풍경"이란 제하에 변방 동인의 시세계를 조명하고 상세히 소개하였다. 중앙문학지와 울산의 각 신문, 한국일보, 대구 매일 등 신문지상에 게재하였다. 울산 문화예술회관 쉼터에서 울산의 몇몇 문인들을 초대하여 자체 기념출판회를 열었다.

2016년 11월 20일 제 31집에는 최일성 시인이 불의의 사고로 타계하여 추모의 글을 『울산문학』지에 박종해 동인이 실었으므로 본 동인지에는 시차 관계로 싣지 못하였다. 31집에는 동인들의 시외에 동인 각 1편씩의 산문을 써서 시인이 쓰는 수필의 우수성을 과시하였다.

제 32집에는 변방 동인의 정신적 스승이신 김종길 선생이 별세하여 추모 특집으로 박종해 시인이 "위대한 거목"이란 제목으로 선생의 행장을 쓰고, 문영 시인이 "올 곧음과 따뜻한 인간애"란 장문의 글로 선생의 인간과 시세계를 조명하며 추모하였다. 선생의 시 「성탄제」, 「고고」, 「솔개」, 등의 시를 소개하였다.

2018년 11월 20일 제 33집에 김려원, 이강하, 강현숙 시인이 입회하고 김민호 시인이 탈퇴하였다.

제 34집에서 제 38집까지 별다른 변동 없이 임윤 시인의 주관으로 문예진흥기금과 회원의 회비로 알찬 운영을 하며, 동인지가 발간될 때마다 수요시포럼 동인을 초대하는 등 자체 기념출판회를 열어 결속을 다지며, 제 39집에 이강하, 김려원이 탈퇴하고 현재 박종해, 신춘희, 문영, 강세화, 임윤, 장상관, 황지형, 박정옥, 강현숙 이상 9인의 동인이 제 40집을 서두르고 있다.

7. 울산문학과 중앙문단에 바친 변방 동인의 역할

울산은 지리적으로 중앙과 원거리에 있어, 문학적 교류가 원활하지 못하였다. 몇몇 문인들이 가까운 경주와도 교류하지 않고 자생적으로 좁은 범주 속에서 폐쇄적인 문학활동을 하고 있었다. 문학의 성취를 이끌어 줄 이름난 선배도 없이 젊은 문학도들이 지역문학을 발전시키고 중앙과 지방, 나아가 전국에, 문학적 가교를 건설하고자 하는 문인들이 뜻을 같이한 동인회가 바로 〈변방〉 동인이라 할 수 있다. 변방 동인이 울산문학의 발전에 공헌한 바는 실로 태산북두와 같다고 해도 과언이 아니다.

기라성 같은 수많은 일류 문인들의 시가 변방동인지에 소개되었고 많은 고명한 문인들이 변방에 의해 울산을 다녀갔으며, 그러한 교류로 인해 울산문학의 문학부흥이 이루어졌다. 지금은 울산문학에 300여명의 훌륭한 문인들이 많은 활동으로 문풍을 일으키지만 1980년 당시엔 울산문학은 그야말로 꽃피지 않은 불모의 지역이었다.

역대 문학 예술의 임사만 해도 김종경, 박종해, 이충호가 울산예총회장을 역임하였고 박종해, 김종경, 최일성, 신춘희, 이충호, 홍수진이 문협회장에, 문영, 임윤이 사무국장을 역임하였고 근래에 와선 임윤 동인이 한국작가회의 울산지회장을 맡기도 했다. 또한 역대 울산광역시 문화상을 박종해, 김종경, 신춘희, 최일성이 받아 변방 동인의 위상을 입증하고 있다.

앞으로 변방동인회는 새로운 참신하고 문학적 역량을 가진 시인들을 발굴하여 영입시키고, 영구히 그 시맥을 계승해 가야 할 명제를 안고, 부단히 각고 전력할 것을 제 40집 출간을 계기로 다짐해 본다.

차례

책머리에 004

박종해
빈병 024
山頂에서 025
이슬의 생애 026

최일성 (작고)
현장 1 030
태화강 1 031
대숲에 내리는 눈 032

신춘희
딸 036
인터뷰 038
아들 040

문 영
소금의 날 042
불타미아 044
돌의 카톡 046

이충호
미포동 1 048
미포동 2 050
미포동 3 051

홍수진 (작고)
반구대암각화 1 054
숯 1 056
청맹과니의 노래 3 058

강세화
겨울 맛 060
수탉 061
물방울 꽃 062

배정희
오독 064
호계 편지 066
두보를 읽다 068

임 윤
이도백하에 내리는 눈 070
우리들의 대화법 072
지워진 길 075

장상관

부패 효과 080

폭설 081

고독사 082

박정옥

민달팽이 바라봄 084

열시 꽃으로 살기 086

Big Kill 088

황지형

빙판의 희뿌염한 얼음 아래 092
공기방울로 만든 달달한 알사탕들이
두 개의 콧김을 뿜어대는 저녁의 깊이에서
영원한 수사로 잠들고 있다

망고튤립이 보았을 것이다 094

Eyecream 096

김민호

물고문 100

북방긴수염고래가 나타났다 102

오월 103

강현숙

풀의 형식 106

비극의 형식 109

붉은노을의구체성에관하여 110

김려원

후박　114
초록은 왼편일까　116
사진의 뒷면　118

이강하

치자꽃 향기　122
눈사람　124
붉은 첼로　126

●

시인들 소개　128
『변방』 연혁　131

박종해

빈병
山頂에서
이슬의 생애

빈병

나는 쓰러지고 나서야
비로소
바람의 노래를 부른다.

다시는 일어설 수 없을 때
일어서서 오만했던 자신을 돌아본다.

용서해다오, 그러나 내 주위엔 아무도 없다.
다시는 차오를 수 없는 빈몸의 흐느낌
그것이 바람의 노래다.

쓰러지고 나서야 비로소
나는 바람의 노래를 부른다.

山頂에서

너희를 위하여 무엇을 할 수 있겠느냐.
어떻게 너희들을 위해 돌아갈 수 있겠느냐.
아는 것도 힘도 없이 참으로 막막하구나.
호주머니 속엔 몇 개의
동전만 딸랑거릴 뿐
굴뚝마다 연기는 피어오르고
고달픈 허리띠처럼 기차가 산모롱이를 돌아간다.
평화와 자유 그를 위해 한 방울의 피도 흘린 바 없이
내 너희를 위해 무엇을 할 수 있겠느냐.
어떻게 너희들 속으로 돌아갈 수 있겠느냐.

이슬의 생애

나는 온몸으로 세상을 받아들인다.
나의 온몸에 삼라만상을 담고 산다.
그래서 온몸으로 세상을 본다.
몸 전체가 하나의 눈이기 때문이다.

풀여치나 방아개비 같은 작은 미물까지
모두 잠든 밤에도
나는 눈을 뜨고 어둠 속에서 세상을 본다.
불안스레 흔들거리는 사물들을 바로 펴기 위해
온 밤을 눈을 뜨고 지새운다.

이렇게 작은 풀잎 위에 집을 짓고
하룻밤을 천년 세월처럼 지내다가
신의 말씀으로 빚은 해오름이 되면
나는 미련 없이 이곳을 떠나야 한다.
이승과 저승의 거리가 겨우 한 뼘 밖에 되지 않는다는 것을
풀잎의 집에서 깨닫는 것은 어렵지 않다.

이렇게 간단한 삶의 한때를
천년을 살다 갈 듯이 서로 상처 주며
고통과 고뇌를 내 몸속에 새기며 살아오다니.

최일성 (작고)

현장 1
태화강 1
대숲에 내리는 눈

현장 1

그의 팔은 철근이다.
그의 마음은
무쇠보다 강인한 근성으로 뭉쳐져서
현장의 한구석을 받들고 있다.

그의 눈빛은 화살이다.
새벽을 뚫고 나온 화살,
우리의 나태함을 무찔러
마침내 우리를 정복하는
화살,
그는 말했다.
이 세상에서 가장 확실한 것은
망치라고
가장 격렬한 아픔으로
제 모습을 찾는 건
망치 소리뿐이라고.

태화강 1

유년이 뒹굴던 강가엔
언제나 사금이
노랗게 빈혈처럼 일어서고 있었다.
삼각지 들풀
종달새 우짖던 바람 사이로
오시던 아버지
우리들의 목이 뜨는
강을 건너며
흙 묻은 감자 몇 뿌리
던지고 간다.
- 싱싱한 식욕

감자를 씹다가
반란하는 허기들을
모래성 안으로 몰아넣고 있다.
꿈틀대는 성을 보며 나는
황제의 음성을 흉내 낼 것이다.
군침 도는 팔월
어느 오후에 방면할 것이다.

대숲에 내리는 눈

대숲 바람 잠재우러
눈이 내린다.
서걱이는 슬픔이 가라앉는
대나무 뿌리까지 잠재우러
눈이 내린다.

홀로 걷는 길

눈발 따라 길이 열리고
정직하게 사는 것이 얼마나 힘드는가를
이 자정 눈맞으며
대숲에 기대보면 안다.

독으로 살아가는 것들을 잠재우러
눈이 내린다.
우리들의 슬픔을 덮고 있어서
눈(雪) 속에서도 눈(眼)을 뜨는
청정한 기운, 보아라

눈발마저 안심시키는
청정한 위용,
솔바람에 묻히는 눈을 맞으며
이를 악문 슬픔이 얼마나 무서운가를
대숲을 걸어보면 안다.

신
춘
희

아들
딸
인터뷰

딸

마음에 물결이 이는 날은
간혹 딸아이의 눈 속을 들여다본다

천상의 어느 연못보다 맑고 고요하다

언젠가는 저곳에도 진눈깨비 내리고
지상의 먼지와 소음 같은 것
조금씩 쌓여 가리라

육체로부터 멀어지는 영혼을 붙집기 위해
성수보다 맑은 눈물을
쏟기도 하리라

아직 생활의 궁핍을 모르는
초등학교 5학년
내 딸아이, 단비

눈치채지 않게 녀석의 눈 속을

들여다본다

천상의 어느 연못보다
깊고 평화롭다

인터뷰

신문에서 한 총선 당선자의 인터뷰를 읽는다

"수행원 한 명만 데리고 골목을 돌았습니다
투표를 사흘 앞두고 72시간을 뛰었습니다
심야엔 호프집을 돌고, 새벽엔 택시충전소를 찾았습니다
죽기 살기로 뛰었습니다"

어이구, 그래, 잘났다 이놈아
얼굴이 꽃밭 같구나
그런데 명심하거라
구십 도로 절하며 잡은 손들,
계산 없이 내주던 가슴들,
울먹이며 길을 막던 얼굴들,
노심초사하던 친인척들,
무너진 억장들이 만들어 준
황금색 백지의 의미를 잊지 마라
그들의 간절함이 무궁화꽃을 피운 것이다

그러니 여의도 가서 잘해라
이 썩을 놈아

아들

파아란 하늘 공기처럼
파아란 바다 해풍처럼

너는 내 몸 속의 우주
차고 넘쳐
주체할 수 없는 사랑

어느 봄날
기적처럼, 너는 우리에게로 왔다가
여름날 햇빛의 폭포 속으로 사라졌다

만져지지 않는 영혼,
순결한 천사

문
영

소금의 날
불타미아
돌의 카톡

소금의 날

무연고자 어부 김씨가,
바다를 밟고 가던 날
어둠에 갇힌 몸에서 빛이 튀어 나왔고
불타는 물이 그를 받아 주었다

물 먹은 불의 생애란,
들끓는 마음을 죽여 하얀 뼈로 남는 것이라면
나는 상상한다
쓰라림에 절인 영혼은
사라지면서 눈물빛으로 반짝이고,
낮은 물소리로 흘러가서
하늘에 닿을 것이라고

가진 게 없으니,
버린 것도 없는 그대가
빛과 물의 마을이 거두어간 날
내 눈은 젖어있은 것도 아니었는데
먼바다 수평선으로 아롱아롱거렸고

내 심장은 뜨거운 것도 아니었는데
조문하는 갈매기 울음으로 오히려 따뜻했다
그날은

불타미아

불타미아 묘지에,
개나리 진달래꽃 잠시 허공에 머물다 갑니다
풀들은 햇빛 줄기세포를 따라 오릅니다
산벚꽃이 나무 벼랑에서 번지 점프를 합니다
꽃잎은 꽃의 이름을 빌려 바람을 탑니다
무덤들이 줄을 서서 헌화를 기다립니다
체불된 비석들이 얼굴에 하얀 선크림을 바릅니다
돌멩이는 소란스런 고요 속에서 묵언을 던집니다
돈 걱정 목숨 걱정의 시간이 지구에 머물다 가면
불타미아 묘지엔,
소리 없는 소리만 남습니다

하루살이는 하루를 온몸으로 채웁니다
하루도 사는 듯이 살아보지 못한 사람을 생각하다
이방인처럼 마음이 뜨끔뜨끔 저려옵니다
죽음은 없고 언어만 남은 묘지에는
하루살이 시간만 가득합니다
하루는 생의 그물코

하루는 잠자리의 눈

불타미아, 하루가 삶의 티끌이라 해도

하루보다 더 큰 시간은 없고

삶이 하루의 모래알이라 해도

하루보다 더 큰 우주는 어디에도 없습니다

돌의 카톡

자, 이제부터 머물거나 구르거나
시작이야
시작은 끝이 없어
시작은 끝나지 않아
시작은 끝이 없는 시작이야
시작이라 말하면 시작은 사라져
시작은 시작하지 않은 말이야

자, 이제부터 멈추거나 섰거나
끝이야
끝은 시작이 없어
끝은 시작하지 않아
끝은 시작이 없는 끝이야
끝이라 말하면 끝은 사라져
끝은 끝나지 않는 말이야

자, 머물거나 구르거나 멈추거나 섰거나 살거나 죽거나
시작 없는 끝이야 끝이 없는 시작이야 자, 돌의 카톡이야

이충호

미포동 1
미포동 2
미포동 3

미포동 1

미포동에 가면 산보다 큰 유조선이 떠 있다
거기 울렁울렁한 우회도로를 지나
미포동에 가면
거대한 쇳덩이에 눌려 핏기 잃은 산들과
저 불덩이 같은 거리의 미포동에 가면
산비탈에까지 밀려와
엉거주춤 맞붙어 있는
바다를 볼 수 있다

불법파업 엄단과 임금인상 쟁취가
맞붙어 있는
미포동에는
가재와 꽃게도 맞붙어 있다
골리앗 크레인 두 축이 맞붙어 있고
해고 정리와 유급 휴가제가 맞붙어
힘자랑을 한다

영빈관과 판잣집이 맞붙고

아이스크림 가게와 핫도그 가게가 맞붙어
신음소리를 낸다

미포동에 가면
25만톤 철판도 힘을 잃고 끌려가는
저 불콰한 얼굴의 미포동에 가면
사람들은 늘 힘자랑에 힘겨워한다.

미포동 2

미포동에선 스치는 바람에도
우리의 옷깃이 풀잎처럼 가벼워진다
늘 제 체중에 못 이겨 뻘뻘 땀 흘리는 다리 밑에서
나무들은 깃털처럼 가벼워져서
바다 쪽으로 둥둥 흘러간다
바람도 쇳소리를 내는 미포동에선
한 시대의 절망, 때로는 희망처럼
오고가는 강판의 소음과 파도소리에
비실비실 가늘어진 비가 온다
들끓으며 아우성치며
스스로 허물어져 빛나는 용접봉 불꽃 아래
기약 없이 달아서 푹푹 열을 내는 미포동에선
힘은 저렇게
작은 쪽에서 큰 쪽으로 흘러갈 뿐
파도는 울지 않는다.

미포동 3

불빛 속에서 불빛은 외롭다
아파트는 아파트대로 판잣집은 판잣집대로
홀로 서서 불빛을 날린다

개판 같은 세상 개떡이나 먹으며 살자
푸념처럼 파도처럼 서성이던
해변을 지나
어둠에 발 차이는 대로 굽어진
골목길을 따라
땀에 젖은 몇 명의 노동자가 걸어가며
빡빡 담배연기를 날리고
희미한 수은등 불빛이 외로워
한숨으로 투신하는 갈매기
날갯짓 소리에
미포동엔 어둠이 온다

한 집 건넌 아파트가 있고
또 한 집 건너 고깃집과 노래방이 있고

또또 한 집 건너 호프집과 룸살롱이 있는데도
불빛 아래 사람들은 더 외로워진다
산마루 같은 용골의 강판
슈퍼탱크 저 방대한 용량 앞에서
삶은 더 외롭고 공허해지는 것일까
색정 어린 한 시대의 불빛 아래
맨살을 드러낸 쇼 윈도우들이
우리를 부르는데도
미포동은 외롭다
불빛 속에서 더 외롭다.

*이 시는 1996년에 발표한 것입니다.

홍수진 (작고)

반구대암각화 1
숯 1
청맹과니의 노래 3

반구대 암각화 1

성기(性器)를 곧추 세우고 바다를 부르는 이상한 사내
신(神)의 팔을 가졌다지
그의 소리 속으로 잠기는 바다
고래들은 귀를 열고
음악으로 교신(交信)을 한다지
고래들
의 암호(暗號)가 떠도는 바다
의 시
와 내통(內通)하
는
수렵신(狩獵神)의 피리 소리

돛 달아라, 노 저어라, 신석기, 혹은 청동기의 청동빛 바다를 가르고 동해의 극경회유해면(克鯨回遊海面) 우리들의 꿈이 내장된 바다로 저 망망한 짙푸른 바다의 삼림 속으로, 바람은 어김없이 바다의 숲을 쓸며 울고 있다 돛 달아라, 노 저어라, 날카로운 작살로 바다의 심장을 찔러 황홀하게 무너지는 거대한 야망을 치켜 올리는 지렛대의 역사 나 여

기 돌을 쪼아 새겨 놓으리라

바람은 누가 보내는가 고물과
이물을 매질하는
파도
가 올리는 선사(先史)의 갈매기떼
를 멀리에 이고
가자 푸른 힘줄이 끝없이 이어지는
원시(原始)의 바다품으로 가자
우리는 바위 속에 굳어진 꿈이 아니다

내가 부르는 노래
오늘 푸른 산맥을 넘고 있다.

숯 1

차라리 이제는 자진(自盡) 해버리자 끝내
이 시대의 화염(火焰), 또는
불꽃 정신이 되지 못하고
홀로 연소되지 않을 꿈을 꾸다가
무명(無名)의 세상 뜬 눈으로 몸부림 틀다
기어이 굳은 울음으로 굳어버리더니
그래
탄(炭) 덩어리 몹쓸 놈의 응어리
성긴 공간 막막한 눈물만 채워 넣으면서

나는 다시 한번
불꽃 되어 쓰러지는 모습을 네게 보여 주겠다
더러운 그리움 캄캄한 세상
잊혀지지 않는 가난한 고향의 이름
다시 한번 불 타오르겠다
다시 한번 태워져야
깨끗하게 지워지는 전생(前生)의 업보

내가 파랗게 불꽃으로 쓰러질 때
이 땅에서 사라져 별이 되는 내 필생(畢生)을,
그 마침표를 보여주겠다
굴뚝 밖 하늘 구만리를 가서
다시 남아 있는
후생(後生) 구만리로 오르는 혼(魂)불,
그 알갱이가 되겠다
내 눈물 뿌리를 보여주겠다

청맹과니의 노래 3

어둠 속에서 팽팽하게 떠도는 말, 활시위가 당당하게 당겨지고
어디선가 한없이 풀려나가는 적막, 복도 끝에서
운명의 사내가 뚜벅이며 오고 있다 오라, 당당히
촉각으로 가늠하는 이미지스트의 화살이
파랗게 떨리고 있다

닫혀 있는 문 굳은 어둠이 이 단단한
쇠못 하나 피 흘리며
어둠이 깊을수록
그리움의 칼날이 날카롭게 일어서고 있다
전생의 눈물이
바람에 실려 가는 소릴 듣는다 오!
그 푸른 바람이 되어 내 눈을 맑게 씻어주오

- 오늘 나는 어둠의 기법으로
죽음을 예감하는, 당기면,
날아가서, 무서운, 상징으로, 꽂히는, 예언의,
시를 쓰고 싶다

강
세
화

겨울 맛
수탉
물방울 꽃

겨울 맛

겨울에는
하늘이 더러 흐리기도 해야 맛이다.

아주 흐려질 때까지
눈 아프게 보고 있다가
설레설레 눈 내리는 모양을 보아야 맛이다.

눈이 내리면
그냥 보기는 심심하고
뽀독뽀독 발자국을 만들어야 맛이다.

눈이 쌓이면
온돌방에 돌아와
콩비지 찌개를 훌훌 떠먹어야 맛이다.

찌개가 끓으면
덩달아 웅성대면서
마음에도 김이 자욱이 서려야 맛이다.

수탉

날마다 목청을 다듬는 일이 유일한 일과다.
제대로 할 줄 아는 것도 없고
달리 관심을 기울이는 데도 없다.
가장이 되고 나서도 살림에는 도통 마음 쓰지 않고
어디서 유래한 여유인지 언제나 유유자적하였다.
식구들에게는 말마다 겸손 하라고 타이르지만
자신은 은근히 잘난 척한 적도 있었다.
식솔이 늘면서 경제가 원만하지 않을 때도
잇속 따위에 한눈팔지 않고
오로지 꼴진 체모를 지키는 일에만 전념했다.
고개를 잘 숙이지 않아 때로는 거만하다는 말을 들어도
늙어서 볏이 닳도록 천성이 비굴한 짓은 못한다.

물방울 꽃

동틀 무렵
샛별눈을 만났다.

돌아도 안 보고
빠져들고 싶은 생각은
그때나 지금이나

날이 새는 동안
별이 자라서
방울방울 꽃이 피었다.

잠이 엷은 아침
기억 속에 비치는
그날의 눈빛을 들여다본다.

나는 망설이지 않고
고 맑은 눈에
눈부처 되고 싶다.

배정희

오독
호계 편지
두보를 읽다

오독

윈도 브러쉬 때문이었을까
염소용 냉동 냉장고
길을 내 주지 않는
염소용 냉동 냉장고
그래, 산 자가 죽은 염소의 길을
어찌 앞서리
짙은 군청색 선명한
염소용 냉동 냉장고
저 색깔은 염소를 닮았구나
염소의 뿔과 얼굴과 다리가
얌전히 잘리워진 냉동고 안에
우우우 우우우
긴 염소 울음소리
한 마리 거대한 염소를 실은
염소용 냉동 냉장고
빗속을 뚫고 장지로 간다
너를 묻을 곳이
나의 방향과 같구나

아무래도

윈도 브러시 때문이었을까

업소용 냉동 냉장고는 궁둥이를 흔들며

업소 쪽으로 간다

잘못 읽은 편지

잘못 읽은 사랑

염소 울음이 막막하다

호계 편지

먼 먼 옛적
동림사 혜원 스님
어떤 이가 와도
동림사 앞
호계는 건너지 않았다지
그대와 나, 이승의 인연
그 아름다운 거리
호계까지만 그대를 배웅하리

언제적인가
도잠 선생과 육도사를 배웅하던 날
벗들의 얘기에 빠져 호계 물소리 잊어버리고
아뿔사
그 시내를 넘었으니
한바탕 웃음이 골짜기에 넘쳤다지

그때
문득, 호랑이 큰 울음 같은 각성을 하셨겠지

부처와 진인의 깨달음도
공맹의 경지마저도
이승에 벗이 없다면 얼마나 적막하리.

벗이여
늦은 저녁 호계에서 쓰노니
부디, 오늘 밤도
평안하시라.

두보를 읽다

며칠째 두보를 읽는다.
아비 된 자의 통절함

자미의 시
그의 슬픔

굶어 죽은 딸을
몸속 어디에 묻었을까?

편편이 주옥이 아니면
죽어서도 쉬지 않으리

그의 몸속에 딸애 울음으로
시가 넘쳤을지도 모를 일

며칠째 두보를 읽는 밤
내 울음이 가라앉는다.

임
윤

이도백하에 내리는 눈
우리들의 대화법
지워진 길

이도백하에 내리는 눈

기차바퀴는 눈보라 가르며 절룩댔다
먹먹한 가슴 덜컹대며
압록강 혈류 따라
구불구불 닿은 이도백하
어스름에 몇 남은 봉창의 등불에 이끌려
조선족 식당이란 미닫이를 민다
집나간 한족 며느리대신
어눌한 모국어 발음의 손녀딸이 음식을 나른다
된장찌개가 반갑고
짜디짠 김치가 달다
노파는 서울 종로에서 태어났지만
젖먹이 때 만주로 이주해온 뒤
한 번도 가보질 못했단다
서울 어디선가 막노동 한다는
아들 소식은 묘연하단다
키보다 한 뼘쯤 짧은 뒷방에 누우니
맨발이 문턱에 걸린다
새우등으로 웅크린 이도백하의 겨울밤

소나무에 소복한 컹컹 개 짖는 소리
우지직 부러지는 가지에 관절이 시리다
눈발에 묻어 온 차가운 얼굴들이
밤새도록 봉창으로 날아들었다

우리들의 대화법

 판자촌 자작나무에 앉아 있던 까마귀들이 추적거리는 비도 아랑곳없이 저공비행을 한다 처마아래 미장작업 중인 북한 노동자들, 말을 걸어도 모른 척 돌리는 시선
 나는 더러 남조선 새끼라 불리는 이방인이던가, 현장 소장격인 고려인 최씨만 통한다
 쓰레기통 뒤지던 까마귀 몇 마리 러시안 룰렛 하듯 번갈아 부리 쳐들고 노려본다

 커피포트가 자글자글 가쁜 숨을 뿜을 때 공구를 빌리러 온 낯익은 얼굴, 평양 태생인 박씨의 사투리가 문을 두드린다
 월급 삼십 달러, 아껴 모으면 가족들이 몇 년은 먹고 산단다 가끔 탈출을 시도하는 시베리아 벌목꾼 보단 사할린에 온 것이 다행이란다
 "통일이래 금방 되갔시요?"
 먹먹한 눈길 피해 바라본 창밖, 자작나무숲에서 까마귀가 날아오른다
 까마귀도 고향까마귀라 했던가 코르샤코프항 남쪽으로 날아가는 까마귀들이 낯설지 않다

끓는 물 붓고 오분 후 먹으면 된다고 내민 컵라면
　"일 없습네다 마거딘 가면 국수래 많이 있디요"
　아직 라면 없는 곳이 너무나 많은 조선팔도, 처음 봄직한 컵라면을 한사코 사양한다

　줄기차던 빗속에서 서쪽 하늘이 내민 말간 얼굴
　연어 찌꺼기 노리는 고양이가 등 세워 빗물을 털고 덩달아 까마귀들이 발톱 세우고 부리 들이대며 야단법석이다
　공장바닥에 배달 온 밥을 먹는 박씨 일행, 커다란 양푼에 야채를 썰어 넣고 소금 간 맞춘 푸성귀 냉국을 둘러앉았다 최씨 편으로 김치와 멸치볶음을 보냈다
　"남조선동무래 주는 건 안먹갔시요"
　뚜껑도 열지 않고 되돌아온 밑반찬
　"최형이 주는 거라 하세요"
　건너편 스팀공장에서 뿜어대는 수증기, 바람에 날려드는 생의 후각인가 낮은 자세로 바닥을 킁킁대며 사라진다
　먹구름의 기세에 밀린 까마귀들이 미동도 하지 않는 오후, 사무실 문을 머뭇머뭇 두드린 박씨

"찬새래 잘 먹았시요"

씩 웃으며 내려놓은 반찬통엔 거친 억양의 평안도 사투리가 꾹꾹 눌려 담겨 있다

돌아서는 등짝에 후두둑 떨어지는 장대비, 호들갑 떠는 까마귀 울음에 멀대 같이 웃자란 풀들이 휘청거린다

사할린시가 발칵 뒤집혔다 박씨 일행 중 누군가 탈출했다는 소문이 돌았다

샛강 거스르는 연어처럼 차디찬 자작나무 숲 헤매고 있는 이 누구인가 그물을 놓고 연어를 기다리는 이 누구인가

숲에서 날아오른 까마귀가 연어 떼 같다 빗물을 견디다 못해 처진 어깨 늘어뜨린 나뭇잎들

마감하지 못한 처마를 타고내린 빗물은 얼룩만 남기고 평안도 사투리 쟁쟁하던 복도엔 퀭한 공기가 떠다닌다

남아 있던 이들은 소환되어 더 이상 소식 알 수 없는, 그렇게 말문 튼 이국의 여름이 지리멸렬 지나가고 있었다

지워진 길

아이가 엄마손 놓치지 않으려
손가락 끝에 묻어난 계절이 안간힘 쓸 때
강물로 뛰어든 정강이가 시릴 즈음
단단한 각질 벗겨내는 물결처럼
잡목이 삼켜버린 길 위에 포개진 발자국은 침묵한다
강의 어깨를 물고
끝 간데 없이 출렁거리는 국경
모래밭에 찍힌 화살표 물새 발자국이
위화도에서 말머리를 돌렸던 편자의 깊이 같다
봉두난발 백성들 머리카락인가
반질거리던 길을 에워싼 잡초를 헤집는 바람

신의주가 손에 잡힐 듯 끊어진 철교
수풍댐 가르는 보트의 굉음
집안에서 만포 구리광산으로 연결된 교각
중강진의 악산과 사행천에 자리한 너와집들
혜산의 얼굴을 차단한 세관의 철문
남백두에서 발원한 강물을 건너던 길

보천, 삼지연, 송강하, 이도백하 그리고 천지
대홍단 감자 보따리 장수와
화룡을 오가던 무산의 얼굴
용정과 회령을 건너던 독립투사들
두만강 뱃사공은 파업중인가
남양으로 건너야 할 기찻길 장악한 중국국경수비대
훈춘 302호 지방도로 철망 뚫고
아오지, 나진, 선봉으로 향하는 덤프트럭
동해가 손에 잡힐 듯한 녹둔도
금방이라도 연해주를 향한 증기기차가 건널 것만 같은
독립을 위해
식솔들 먹여 살리기 위해
메케한 석탄 연기 속, 졸음에 겨운 눈꺼풀 부릅뜨고
가슴속에 댓개 씩 응어리진 한 품고 건넜을
방천에서 바라본 두만강 철교

정오의 태양은 정적으로 떠다니고
왁자하게 강을 건너던 사람은 어디로 갔는지

철망 사이 바라보는 건너편

인기척은 없고 매미 소리만 요란하다

미루나무 그늘에 위장한 초소들

터질 것 같은 팽팽한 긴장에 숨소리조차 숨죽이는

아이가 엄마손 놓쳐버린 계절

비명으로 흩어져 떠내려간 노을처럼

굴레를 벗어나지 못하는 발자국들

장마철에 떠내려온 비닐봉지가

철조망 송곳니에 걸려

갈 곳 먹먹한 가슴들이 파르르 떤다

시야에서 사라진 엄마의 손

두려움 떨치려 고래고래 소리라도 질렀으면 좋겠다

꼬질한 손가락 사이 까만 눈동자

오늘 밤은 어느 방향으로 비틀거릴까

압록과 두만이 펼쳐 놓은

창백한 푸른점* 먼지처럼 서글픈 반도의 둘레길

* 보이저가 찍은 지구의 모습에서 빌려옴.

장상관

부패 효과

폭설

고독사

부패 효과

입 다문 조개를 벌려보면
썩어 악취가 났다
제 속이 구린 조개는 부끄러워
꽉 다물 줄 안다
다시는 썩지 않겠다고
다짐했음을 알겠다

인간은 썩을수록 변명도 추악하다

부패는 절규다

폭설

만신창이
허공을 휘젓는다
제 안의 저를 깡그리 버려야
그래서 미쳐버려야
비로소 왕창 비틀거린다
다 지워버린다

봄은
그 뒤
막차 타고 온다

고독사

불경도 풍경도 없다
오직 와불만
악취를 설파할 뿐
목탁소리는
아주 늦게 당도한다
독거노인이 꼭 한 번은 가는
절

박정옥

민달팽이 바라봄
열시 꽃으로 살기
Big Kill

민달팽이 바라봄

돌아갈 수 없는 길들이 입맛 다시며 운동화 끈을 조인다 긴 더듬이
가슴에서 출발한 글썽임
언제나 삼각형의 시간

호의라든가 설레임이라는 급소에 찔리는 주파수
짧은 더듬이에 쩔쩔 끓는 시간이 박혀 욱신거린다
조금만 쉴게, 쉬고 싶어

구부정한 어둠을 선량하게 바라보다 통통한 무게를 거머쥔다
물기 어린 눈, 무게에 얹히는 통증 어쩌자고!

세상 사람들 말 걸지 않고 하고 싶은 말 만발하여 시든다
그러나 피어나는 귀

목소리는 쌓여서 내일의 괄호 속에 몸은 뒤척인다
발랄해지는 입 옹관묘처럼 이해할 수 없는 볼륨

채식으로 육식의 뒷꿈치를 걷는다

목적지까지

한쪽 뺨의 두근거림

아직 남아 있다

열시 꽃으로 살기

베트남 사람들이 열시꽃으로 부르는 것을 여시 꽃으로 들었다. 아침에 피었다가 오후에 지고 마는 채송화 열시에 웃는다고 한다

열시에 일어난 빨간 입술이 밤늦게까지 여우 짓 하다 잘려 나간 웃음을 아이들은 곧잘 찾아낸단다. 밤이 되면 개여시 온다고 컹컹 짖는 어른들 아이들에게 곧잘 이야기하지만 개여시는 내 목소리에 네 목소리 없어서 말하고 점점 작아지는 세 번의 이름 끝에 바로 홀려 나간단다. 늦잠처럼, 라르고처럼, 꽃잎이 떠는 속도로 남자를 홀리고 사람 머리를 뛰어넘고 간을 빼먹고 웃음을 걸어 놓고 간단다. 핏방울도 없이, 옛날에 여시는 그랬단다.

창문 아래 깜빡 꺼졌던 웃음을 돌리고 있다
웃음 몇 개가 댕댕 종소리처럼 튀어 올랐다

밑도 없이 동그랗게 웃는다
알고도 모르고도 고장 난 웃음처럼

열시꽃을 보고 열 시에 커피를 마시는 여시 꽃

여시는 여러 색으로 아이를 피워낸다

Big Kill

구름은 동물이다
물고 뜯고 몰려다니는
이빨 가진 동물이다

물컹하고 부드러운 동물
몸 바꾸기 좋아하는 동물
게을러 터진 동물
어디든 함께 떠나고 싶은 동물
폭신하게 옷 한 벌 두르고 싶은 동물

태풍이 지나간 하늘에 손을 뻗으면 희고 팡팡한 뭉텅이 머리에 터번처럼 얹힐 거라는 착각의 거리, 저 눈부심은 희망결핍에서 지르는 탄성, 지상을 꾸려가는 동물들이 스쿱으로 퍼먹고 싶다는 이유가 빤하게 떠 있다. 구름을 노래하는 시대 솜사탕에 색을 입힌 중국산이 떠돌고 있을지도 모른다. 불량 상상이라는 동물을 양산하고 동물이 동물을 좇아 방금 비밀 집회에 다녀온 것처럼 현란하게 몰아치는 속도에 공포라는 편집이 배회하고 있다. 거대한 바람의 유령들이 몰려오면 어떤 집회도 낱낱이 해체되어 생중계되는 살해 장면, 낭만 집사들의 감탄이 터진다.

    서쪽은 모든 하루가 피흘리는 도살장
    핏물에 중독된 사람들이 고개를 꺾고
    서쪽으로 서쪽으로
    뜨거운 피맛을 보러 휴가를 떠난다

    구름의 시대로 몰려 간다

황지형

빙판의 희뿌염한 얼음 아래
공기방울로 만든 달달한 알사탕들이
두 개의 콧김을 뿜어대는 저녁의 깊이에서
영원한 수사로 잠들고 있다

망고튤립이 보았을 것이다

Eyecream

빙판의 희뿌염한 얼음 아래
공기방울로 만든 달달한 알사탕들이
두 개의 콧김을 뿜어대는 저녁의 깊이에서
영원한 수사로 잠들고 있다

 여자남자가 치켜 든 흰 천이 출렁한다
 아귀는 굳었고 귀신은 눈뜨고

 손 끝에 달린 흰 천은 치솟고 하늘로 올린 두 손 원을 만들며 돌아가고 무릎을 접고 앉은 여자남자 얼음이 보이는 관을 지켜본다

 한 사람의 여자가 한 사람의 남자가 손을 쓸 새도 없이 얼어붙은 흰 천 조각이 출렁한다

 눈물이 얼음 위에서 살얼음이 되듯이 겉잡을 수 없는 공기방울 마침표가 출렁한다

 시커먼 숨구멍이 생긴 심해에 눈이 보이지 않는 고기들이 전기충격까지 한다는데

 마침표가 되지 않도록 여자남자는 자물쇠가 달린 두 손을 들고 출렁한다

 하늘에 있는 신들에게 기우제를 올리는 의식 같이 구

조를 요청하는 모습 같이 소방호스를 든 소방대원 같이 벌겋게 물이 쏟아지게 여자남자 손이 출렁한다

  그 전날부터 영영 사라질 것을 건져올리면서 딱딱함이 부드러움을 건너뛰며 육수를 우려내 듯 물컹쿨컹한, 눈물을 쏟아지게 만드는 여자남자 손이 자물통을 향해 출렁한다

  더 깊이 깨어있기 위해서 여자남자 손 끝에 감긴 흰 천이 출렁한다

  한 발걸음 얼음을 옮기며 여자남가가 돈다

  정수리에 귀신이 올라 앉아 출렁한다

  몇 바퀴 돌아가고도 여자남자 두 손 올리는 중이고

  순식간에 무너진 집처럼 두려움 속에 박제된 숨구멍들이 출렁한다

망고튤립이 보았을 것이다

꽃다발을 돌리면서 바람개비라고 말하고 싶습니다

다발에 묶인 노란 얼굴은 왜 어루만질 수 없는지
바람을 불러내다가 깎인 만디, 공허
더워지다 움직이지 않는 것을 감싸 쥐려는 것들

꽃말은 왜
슬픈 내용을 간직할까, 꽃씨
거둬들이지 않고

바람을 불러들여 시들어버렸는지
잠깐 춥다 떨어져 있던 시간을 빙빙
양을 잴 수 없는 눈물이 떨어진다
물러서려다 맨발로 걷고
몰아붙이는 한쪽으로 낮달을 쳐다보는 눈길

몰아붙인 꽃들이 신음한 시간들
바람이라는 백발의 신사를 만나면

시퍼런 하늘 쳐다보며 겨드랑이 식힐 저 바람

절뚝거리면서 멈춘다 불행할 것도 없으면서
눈물은 왜
이 밤에 배변을 느낄까, 꽃을
손수건을 건네주듯 엉덩이를 닦는다
트렁크가 한 바퀴, 돈다

네 개의 바람이
몰아붙인 곳에서 피어났다고 생각하며
날선 정강이를 냅다 걷어차고 있다

바람이 키우면서 꺾어 만든 꽃다발
날이 새도록 화단을 가꾸느라 뒤뚱거렸을 발자국
그 발자국에 눌린 잡초를 뽑아낸다
손수건을 떨어뜨린다
나는 핍니까, 평 생

Eyecream

똑같은 아이크림을 바르며 들썩거렸다 어둔한 너는 눈가에 주름이 생겼다고 말한다 언저리만 맴도는 너의 입술이 우물거린다 너는 안녕하시다가 팔뚝을 잡은 아들의 소리에도 어둔한 손을 다급하게 내밀었네 의자에 앉아 있기도 힘든 너는 진땀이 나도 다시 써야 할 맨 윗줄에 앉아 찍찍이를 뜯으며 집중하다 보면 한쪽으로 눈꼬리 올라간 생을 살게 되겠지

빈 종이는 쓰기 전에 발견되지 않아
너는 내가 뭘 쓰는지 몰라도 걱정하지 말랬지

종균처럼 퍼져가는 얼굴에 흑요석을 뿌려 놓았네, 줄거리를 말해도 원래대로 돌아가는 것이 쉬워지는 너는 아무튼 계속 반질거린다 장편을 돌봐야 할 일에 눈앞이 캄캄해지는 아들의 얼굴에 슬어놓은 활자 "알아보겠어요." 그럼요 말하지 않는 상태에서 다 알아본다는 거 다 알 수 있다며 안녕하시라고 손을 맞잡고 두드린다

이슬이 달려있지 않으면 침이라도 글자에 묻혀놓아야 해

펜 독에 묻혔을 때 생기를 찾아와야 될 거리가 멀어지니까

용기에 담겨서 돌아온 너는 얼굴에 굴림하고 있었다
상처라고 우기자 좀처럼 원고를 쓰지 못했다

손톱 사이에 끼여드는 달걀은 여름을 부쳤다 너는 뒷바퀴가 빠진 주름을 만들며 웃는다 빠지지 않는 반지에 대해 말하는 너는 거품을 내며 말한다 손가락으로 톡톡 문지르다가 거즈로 세로줄을 긋네 눈 위에서 눈 아래로 손바닥에 조각당하고 빈 틈 없이 부서지고 싶었네 말라붙은 시제를 떠올리다 보면 잘 쓰이지 못한 여백은 한 접시 물에 빠져 떠내려가고 있겠지

김
민
호

물고문
북방긴수염고래가 나타났다
오월

물고문

유리컵에 담긴 고구마를
부엌 창가에 올려두며
봄을 기다린다

햇살과 바람이 들지 않는 곳
비명소리를 가리기 위해
틀어놓은 라디오의 유행가가
욕조 안 기포 속에서
부글거리다 또 가물가물 사라졌다
까무러치는 울부짖음에
잠시 환청처럼 정신을 차려보아도
아직 담긴 머리는
캄캄한 어둠에 에워싸인
차가운 물 속이었다
몸과 정신을 감금한 채 처박았지만
수장되지 않은 진실은
깨끗한 신념 위에서
조금씩 하얀 뿌리를 틔워

오랜 거짓을 깨트렸다

눈여겨보지 못한 사이
퍼석하게 삭아간 몸에는
새파란 싹들이 서서히 돋아났고
붉은 줄기를 뻗을 때쯤
우리 곁에 피어난 따뜻한 봄을 위해
혹독한 겨울을 이겨낸
당신들을 생각합니다

북방긴수염고래가 나타났다

1.

41년 만인 2015년 2월 경남 남해 송정리 해안, 지구상에 300마리 정도밖에 남지 않은 멸종 위기종인 북방긴수염고래가 나타났다 홍합 양식장 부이 줄에 걸려 하얀 파도를 거칠게 일으키다 구조 요원들이 몸을 옭아맨 밧줄 세 개를 자르고 난 뒤 이튿날 그물에서 빠져 살아났다

2.

사연 댐 물속에 잠긴 가로줄 무늬 선명한 바위 표면에서 365일 잠영만 일삼는다 간혹 바닥이 거북 등처럼 쩍쩍 벌어지는 갈수기에 잠시 거친 숨을 땅 위로 보낼 때면 침식된 꼬리지느러미 한쪽이 사라지기도 하였다 수면 위 호흡을 멈추고서는 살아갈 수 없다는 듯 물 밖으로 자주 모습을 드러내기도 한다 수직으로 둘러친 시멘트 그물이 걷히고 수문이 활짝 열리자 갇혔던 북방긴수염고래 세 마리 수장된 바위그림에서 다시 살아났다

오월

소쩍새 소리 가물거리는
연초록 바람이 저녁을 물들입니다
하얀 별 서너 개 조는
푸르스름한 자정을 지나
화톳불 피운 논머리에
설익은 새벽이슬이 내립니다
멀리서 밤을 지새운 봇물이
겨우내 허기진 들판을
굽은 허리로 적셔드는 아침
마른 논에 물들었다는
이팝나무 하늘거리는 손짓이
퍼석한 허공의 끼니는 채웁니다
따뜻한 밥 한 공기를 위해
갈라 터진 뭉툭한 손 곳곳으로
기꺼이 흙빛을 받아들이고
검버섯 핀 주름진 얼굴로
새봄을 노래하시는 아버지

강현숙

풀의 형식
비극의 형식
붉은노을의구체성에관하여

풀의 형식

눈치 보지 말고
비 내리지 않는 대로
햇빛 따가운 대로
침범당하는 대로
풀이 훌쩍 자라나는 여기에서

가끔 이슬을 품으며
이슬을 빼앗길 때는 항의를 하는 법 없이
생존하는
풀의 모델이 저 하늘 어딘가에

풀벌레 소리 들려오는데
고상한 도시의 불빛을 받으며 잠들지 못하고

시동 꺼진 자동차 앞바퀴에 깔려
밤의 앓는 소리도 내지 못하는 풀의 체조를
익히지

보도블록과 보도블록 틈 사이로 자라는

풀이 따르는 형식은 다정해

풀은 풀에게 어깨를
내어주고
풀은 풀의 입술을
더듬거리며

풀피리 소리 들리지 않을 아침을 기다리는
풀벌레의 잠이
깃드는

풀의 초록 벌판을 뛰어다니던
미래의 잠은
오질 않고

풀과 풀끼리 대화가 오고 가는 열린

형식을 따르는

풀은 이 밤을 건너뛰며

보이질 않을
속박되지 않을

서서 자라는 비밀의 공간으로 잠입하게 될

무한한 슬픔이라고 기어이 말하지 않을,

비극의 형식

비극의 형식을
탈출하는
곳에, 문을 세우고
해바라기를 심고
거리의 가로등이 켜질 때
집을 허물고 문이 사라지고
달과 별을 지우고
붉고 파란 사각형의 벽을 무너트리며
슬픔과 미안함과 죄를
씻어내며
발가벗은 탈출을 하는

나무와 꽃으로,
여름과 가을로,
도망가지 않을
달빛 속으로 숨지 않을
형태 없을
그림자 하나가
탈출할,

붉은노을의구체성에관하여

붉은 노을을 입은 붉은 구름이 미칠 것 같다고 말하면
붉은 구름은 참 생각이 많다고 말하면
무슨 생각일까 구체적으로 말해봐

담장 너머로 넘어오는 장미 넝쿨과 웃자란 앵두나무의 구체성을 알지 못한다
담장과 앵두나무와 담장 안에 사는 이와 담장 밖을 지나가는 이와의 구체성일까

구체성은 양어깨 위에 맨 가방과 걷기에 편리한 슬리퍼와

그때 그 시간은 푸릇푸릇했지
푸른 열매의 진술이
늘어뜨린 가지마다 다닥다닥 열리는 시간이지
한 발짝 떨어져서 푸른 열매를 구체적으로 말할 수 없는
열매의 지나온 시간을
칠일 낮 밤을 운 시간을
실패인가, 진술인가

찌잇찌잇 들려오는 새소리와 공터에 자라는 잡풀들의 초여름에 웃자란 키의 진술을 말한다

　네 얼굴도 모호하고, 내가 말하고자 한 바도 한 발을 놓치고, 사물은 멀리 가고

　바람이 햇빛을 살인하고
　바람이 양팔을 잘라내며
　바람은 발목을 동강을 내며
　구체적으로 피를 흘리며

　바람으로부터 멀리 있는 여름처럼 구체적이어야 했다

　어쩌면
　사람들은 내게 숙명을 물은 것인지도,

　지나가는 오토바이의 굉음이 너무 크다면

그가 미친듯이 구체적으로 큰 소리로 진술하는 거라면 나는 구체적으로 사유하며 피흘린다

김려원

후박
초록은 왼편일까
사진의 뒷면

후박

어둑해지는 산길에서 후박꽃들 어두워진다.

어차피 꽃잎의 질서란 밤과 낮을 보고 배운 방식이니까, 저녁은 두껍고 아침의 산길은 한없이 얇아서 모두 후박나무의 차지다.

나는 서둘러 산길을 내려오면서
저 어두운 밤이 모두 축축한 나무들 껍질로 단단해지는 것을 보았다.
흐르는 소리의 소유권을 주장하듯
물길 옆, 나무들 흔들리다가
물길을 닮아 구불구불해지는 것을 꽤 여러 해 지켜보았다.

계곡에 박힌 돌부리들, 물에 걸려 넘어진 저것들은 실상 옆새우나 가재, 도롱뇽이나 개구리와 같은 냄새를 풍기며 모래의 날들로 간다.

후박, 이라 말하고 나면 반드시

오르막과 내리막이 한 호흡 속에 있다.

두꺼워진 후박이 어깨에 내려앉는다.
비늘을 품은 나무껍질들이 어둠을 바짝 끌어당긴다.

초록은 왼편일까

계급을 밝힌다면
푹신한 발밑이라는 자리
그 칸칸을 후투티 부리로
콕콕 찍어보면
쉴 새 없는 공방이 이어지지
초록은 왼편일까 초록은 재미난 걸까
재미난 초록이라면 자본의 꽃이라는 오른편일까
발밑은 풀이하지 않으므로
반칙도 규칙도 세면 안 되는 왼편일 테지
아니 이 끄트머리부터 저 끄트머리까지
오른편일 테지
이편과 저편의 질긴 연대를 펼치면
초록을 임대한 친선들이 시시때때로
공휴일을 뛰어다니는 법이라서
꽃 피지 않는 뿌리를 끌어올리는
꽃 피는 게임이 펼쳐지는 법이라서
계급을 밝힌 초록의 뿌리를
무심코 뒤집어본다면

얽히고설킨 왼 새끼와 오른 새끼가 거기 왼편 끝에서
저기 오른편 끝까지
줄 당기기 중임도 밝혀지는 법이라서
제일 하층인 초록이 지금
푹신한 발밑에서 눕고 일어서는 중이라서

사진의 뒷면

너는 왼쪽을 찍었고
나는 오른쪽을 찍혔다

그것을 모르는 척하기 위해
흰 벽면을 숨겨두고 우리는 앞쪽의 즐거운 컬러들
그렇다면 찰칵, 이라는 소리는
또 얼마나 얇은 부피인가

그리운 찰칵
먼 부피

주인공은 따로 있다
매 순간의 주인공은
치즈나 김치를 먹은 스마일

어느 날의 스마일을 흉내 냈을 때
그날의 엄마가 돌아와 벽으로 돌아누웠다
지긋지긋한 발음 몇 마리가 천장에 부딪쳤다

귀찮은 천장이 방바닥을 긁었다
벽장에 숨겨둔 증상들이 바깥을 넘봤지만
아무도 달 별 해 그런 질환을 앓고 있지 않았다
달을 뽑아내고 별을 심는 때가 매달 왔으므로
두서없는 기분 따위는 무채색으로 눌러두었다

개꿈 다음날의 아픈 무릎을 위로하며
퉁퉁 부은 신발을 내던진다
멸망한 어제가 합류하고
어떤 사진을 들여다봐도
나는 늘 가장자리에 서 있다
온갖 그랬다면 저랬다면으로 귀퉁이가 닳아온,
뒷면은 여전히 흰 벽이고
누렇게 변해가는 주인공들
물방울 번진 표정으로 기대어 한 컬러인
우리의 훗날

이강하

치자꽃 향기
눈사람
붉은 첼로

치자꽃 향기

치자꽃 향기에 반해서 당신을 만났어요
매일 오후,
땀을 뻘뻘 흘리면서 말이지요

걸음걸이가 어떠하든
겉모습이 어떠하든
서로의 행위에 가식이 없어서 편했어요

오고 가며 나눈
소소(炤炤)한 이야기
다정한 그림자들
마지막 인사는 하지 말자고 했었지요
 '마지막' 이라는 단어를 빼야 죽지 않는다고 했었지요

어쨌거나 우리도 본격적인 여름
두렵고 기쁜,
벽을 경계하며 논문을 쓰고 물장구치는 계절이에요

어젯밤 늦게

치자꽃 지는 소리에 분홍주머니를 준비했지요

나쁘지 않은 색의 층계

바싹 말라도 달콤한

잊히지 않을 향기, 오래갈 것 같아요.

눈사람

님께서 아흔아홉 번째 눈을 뿌렸다
잠시 쉬었다 가라고

"새로운 시작을 응원합니다"라고
정년퇴임 기념식에서 축하하며 손뼉 친 범고래들
어제도 고마웠다

마당과 화단 사이
하얀 새끼 부엉이 닮은 눈사람들, 눈이 부시다
밤새 잠꼬대가 심했을까
눈사람 하나가 목이 삐딱하다

범고래는 떠났는데 눈사람은 살이 붙었다
밤새 얼마나 탐닉했을까
눈의 골짜기를

바람 구름 고요의 섞임이 팽팽하다
지붕 끝에 매달린 고드름,

갈라진 흰빛 뒷면은 누구에게나 거룩한 여백이 될 것이라고
중얼거린다

오늘만큼은 샤갈의 그림이고 싶은 날
앞으로 내가 어떻게 사느냐
언제 사라지느냐가 문제가 아니다

내 몸에 스며들고 있는 서늘한 흰빛 무더기
이것이 화두다.

붉은 첼로

어둠 속 빛을 겨냥하는 소리는 신중하다
빛을 품은 축축한 것들이 구름 속에서 발화되는 것처럼
구름이 태양을 알아가는 깨달음의 현(絃)

둥근 턱을 바랐으나
뾰쪽한 턱이 더 많았던 시간
그러나 좋은 노래를 부르기 위해 나뭇가지 슬픔도 감수한
나이테 속 무중력의 악보들,
덜 여문 관계까지 눈치 챈 이 빗소리를 무엇이라 불러야 하나

뼈를 깎는 논쟁이 있었기에
온 세계가 모여 만찬에 들 수 있는 것
이 세상 하나밖에 없는 악기로 부산 떠는 거지
지난 잘못을 이제는 다신 거론 말자
정작 상처 입은 사람은 왜 말이 없는지
우리는 알면서도 모른 척, 현재의 실상에 박수를 치는 거지

돌아서는 내가 두렵다

내일은 언제나 다이어트, 뚱뚱하게 내리꽂는 비의 변곡점에
눈을 떼지 못한 너도 두렵다
야누스를 복면한 빗방울들이
어느 복지관 굴뚝을 열심히 들여다보는 저녁.

| 시인들 소개 |

박종해
1980년 《세계의 문학》으로 등단, 시집 14권, 번역시집 2권, 울산문협회장, 예총회장, 북구문화원장 역임. 이상화시인상, 대구시협상, 성호문학대상, 예총예술문화대상 등 수상.

최일성 (1947~2015)
울산 출생. 1986년 《예술계》에 「눈 오는 날」 외 2편이 신인상 당선되어 등단. 울산문인협회 회장 역임. 울산시 문화상(문학), 울산문학상 수상. 시집 『새벽을 뚫고 나온 화살』(1991), 『대숲에 내리는 눈』(1999) 등.

신춘희
1973년 《현대시학》 8월호 시 초회 추천. 1983년 매일신문신춘문예 시 당선. 시집 『풀잎의 노래』, 『중년의 물소리』 등, 교양서 『노래로 읽는 울산』 등.

문 영
1988년 《심상》 등단. 시집 『그리운 화도』, 『달집』, 『소금의 날』(2006년 우수문학도서), 『바다, 모른다고 한다』. 평론집 『변방의 수사학』(창릉문학상). 기행 산문집 『발로 읽는 열하일기』. 시평론집 『흘러가고 사라지는 것을 사랑한다네』(2025) 발간.

이충호
1990년 『시대문학』 신인문학상으로 등단. 시집 『마라도를 지나며』, 『바다, 머나먼 추억의 집』, 『미국은 섹시하다』, 『구룡포』. PEN문학상, 서울시인상 수상. 현재 영문번역가로 활동하고 있음.

홍수진 (1949~1997)

경남 양산 원동 출생. 1978년 2인 시집 『들풀』 간행. 1982년 《변방》 시동인으로 참여. 1997년 울산문인협회장 역임. 시집 『오늘 밤 내 노래는 잠들지 않는다』(1994), 문화칼럼집 『변방 문화와 문화의 변방』(1998) 등.

강세화

1983년 월간문학 신인작품상. 시집 『수상한 낌새』, 『별똥별을 위하여』, 『행마법』 등 발간.

배정희

2004년 《시문학》 신인상으로 등단.

임 윤

2007년 《시평》으로 작품활동 시작, 시집 『레닌 공원이 어둠을 껴입으면』, 『지워진 길』 발간

장상관

2008 《문학.선》 신인상. 시집 『결』 외 2권.

시인들 소개

박정옥
2011년 《애지》 등단. 시집 『거대한 울음』, 『lettering』.

황지형
2009년 《시에》 등단. 시집 『사이시옷은 그게 아니었다』, 『내내 발소리를 찍었습니다』 출간. 명지문화예술상 수상.

김민호
경남 양산 출생. 2010년 《시에》 등단. 시집 『아카시아 암자』, 『참, 눈부시다』 등이 있다.

강현숙
2013년 《시안》으로 작품활동 시작, 시집 『물소의 춤』 발간.

김려원
2017년 〈진주가을문예〉 시 부문 당선. 시집 『천년에 아흔아홉 번』, 랜선시집 『처음처럼 대작』 등이 있다.

이강하
경남 하동 출생. 2010년 《시와세계》로 작품 활동 시작. 시집 『화몽(花夢)』, 『붉은 첼로』, 『파랑의 파란』 등이 있음. 《시와세계》 작품상, 울산문학상 수상.

| 변방 연혁 |

- 1981년 12월 변방시동인 결성
- 1982년 4월 10일 변방 1집 발간
- 1983년 6월 20일 변방 2집 발간
- 1985년 5월 11일 박종해 시집 『산정에서』 발간(이하 첫 시집만 기록)
- 1986년 8월 25일 변방 3집 발간
- 1987년 6월 1일 변방 4집 발간
- 1987년 9월 1일 강세화 시집 『손톱 혹은 속눈썹 하나』 발간
- 1989년 8월 1일 변방 5집 발간
- 1990년 6월 1일 변방 6집 발간
- 1991년 3월 15일 문영 시집 『그리운 화도』 발간
- 1991년 5월 25일 변방 7집 발간
- 1991년 6월 25일 최일성 시집 『새벽을 뚫고 나온 화살』 발간
- 1992년 10월 20일 변방 8집 발간
- 1992년 10월 26일 이충호 시집 『마라도를 지나며』 발간
- 1993년 12월 10일 변방 9집 발간
- 1994년 7월 30일 변방 10집 발간
- 1994년 11월 5일 홍수진 시집 『오늘 밤 내 노래는 잠들지 못한다』 발간
- 1996년 9월 25일 변방 11집 『한때 내가 잡은 고래』 발간
- 1996년 12월 5일 변방 12집 『대숲은 걸어보면 안다』 발간
- 1997년 10월 14일 홍수진 시인 타계

- 1997년 11월 31일 변방 13집 『세기말을 건너는 노래』 발간
- 1998년 10월 10일 박종해 시인 제1회 울산광역시문화상 수상
- 1998년 12월 10일 변반 14집 『잘가라, 나뭇잎』 발간
- 1999년 8월 김종경 시집 『동백섬은 사람을 그리워하지 않는다』 발간
- 2000년 10월 김종경 시인 제3회 울산광역시문화상 수상
- 2000년 11월 30일 변방 16집 『꽃잎 편지』 발간
- 2001년 12월 변방 17집 『나는 아직도 만년필로 편지를 쓴다』 발간
- 2002년 12월 변방 18집 『얼음 속 타는 불꽃』 발간
- 2003년 12월 변방 19집 『풀잎의 눈』 발간
- 2004년 12월 변방 20집 『실업은 힘이 세다』 발간
- 2005년 변방 21집 『귀뚜라미 편에 이메일을 띄운다』 발간
- 2005년 숲속시인학교 운영
- 2006년 12월 변방 22집 『목련을 읽다』 발간
- 2006년 숲속시인학교 운영
- 2006년 4월 신춘희 시집 『풀잎의 노래』 발간
- 2007년 12월 변방 23집 『길에서 말붙이기』 발간
- 2007년 숲속시인학교 운영
- 2008년 12월 변방 24집 『왜 고양이 울음에는 눈물이 없는가』 발간
- 2008년 숲속시인학교 운영
- 2009년 12월 변방 25집 『구름의 등고선』 발간
- 2009년 숲속시인학교 운영
- 2010년 12월 변방 26집 『머언 소식처럼 낙엽 하나가』 발간
- 2011년 11월 임윤 시집 『레닌 공원이 어둠을 껴입으며』 발간

- 2012년 12월 변방 27집 『말의 질주는 푸르다』 발간
- 2013년 12월 변방 28집 『얼룩으로 만든 집』 발간
- 2014년 12월 변방 29집 『목숨의 단층』 발간
- 2014년 5월 장상관 시집 『결』 발간
- 2015년 10월 박정옥 시집 『거대한 울음』 발간
- 2015년 12월 변방 30집 『나무의 봄』 발간
- 2016년 12월 변방 31집 『익숙한 햇볕』 발간
- 2017년 9월 변방 32집 『빈 그물로 오는 강』 발간
- 2018년 11월 변방 33집 『버려진 음률』 발간
- 2019년 10월 변방 34집 『얼룩무늬 손톱』 발간
- 2020년 11월 변방 35집 『박제된 초록』 발간
- 2020년 12월 강현숙 시집 『물소의 춤』 발간
- 2021년 7월 이강하 시집 『파랑의 파란』 발간
- 2021년 11월 변방 36집 『매듭을 푼 소리』 발간
- 2022년 10월 김려원 시집 『천년에 아흔아홉 번』 발간
- 2022년 11월 변방 37집 『액체사회』 발간
- 2022년 11월 황지형 시집 『사이시옷은 그게 아니었다』 발간
- 2023년 11월 변방 38집 『돌의 카톡』 발간
- 2024년 11월 변방 39집 『해를 삼킨 달은 블랙홀이다』 발간
- 2025년 현재 정회원 9명 (박종해, 강세화, 신춘희, 문 영, 임 윤, 장상관, 황지형, 박정옥, 강현숙)
- 역대 울산시문화상 수상 〈박종해, 김종경, 신춘희, 최일성(작고)〉
- 역대 울산문인협회회장 역임 〈박종해, 김종경, 신춘희, 이충호, 최일성(작고), 홍수진(작고)〉

변방동인 제40집

온 몸으로 세상을 본다

2025년 11월 10일 초판 1쇄 발행

지은이 변방동인
　　　　박종해 최일성 신춘희 문 영 이충호 홍수진
　　　　강세화 배정희 임 윤 장상관 박정옥 황지형
　　　　김민호 강현숙 김려원 이강하
펴낸이 라문석
편집장 김옥경
디자인 장상호

펴낸곳 도서출판 두엄
등록번호 제03-01-503호
주소 41969 대구광역시 중구 명륜로 12길 21
전화 053-423-2214
메일 dueum@hanmail.net
인쇄처 부광기획

ⓒ변방동인, 2025
ISBN 979-11-93360-30-9 03810

＊저자와의 협의에 의해 인지를 생략합니다.
＊이 책은 2025년 울산광역시 시비 보조금을 지원받아 출간되었습니다.